# Wann sollte ein Unternehmen seine Betriebssysteme aktualisieren?

Die Betriebssysteme von Microsoft

GRIN

**Bibliografische Information der Deutschen Nationalbibliothek:**

Die Deutsche Nationalbibliothek verzeichnet diese Publikation in der Deutschen Nationalbibliografie; detaillierte bibliografische Daten sind im Internet über http://dnb.d-nb.de abrufbar.

ISBN: 9783346389831
Dieses Buch ist auch als E-Book erhältlich.

Druck und Bindung: Books on Demand GmbH, Norderstedt Germany
Gedruckt auf säurefreiem Papier aus verantwortungsvollen Quellen

Das vorliegende Werk wurde sorgfältig erarbeitet. Dennoch übernehmen Autoren und Verlag für die Richtigkeit von Angaben, Hinweisen, Links und Ratschlägen sowie eventuelle Druckfehler keine Haftung.

Das Buch bei GRIN: https://www.grin.com/document/1004863

# FOM Hochschule für Oekonomie & Management

Hochschulzentrum Köln

Wintersemester 2020/ 2021

Scientific Essay

# „Betriebssysteme am Beispiel des Unternehmens Microsoft"

Studiengang: Bachelor of Business Administration

Köln, 22.02.2021

# Inhaltsverzeichnis

## Abkürzungsverzeichnis

| | |
|---|---|
| Basic Input Output System | BIOS |
| das heißt | d.h. |
| Deutsches Institut für Normung | DIN |
| Electronic-Mail | E-Mail |
| Informationstechnik | IT |
| International Business Machines Corporation | IBM |
| International Electrotechnical Commission | IEC |
| International Standards Organization | ISO |
| Media Access Control | mac |
| Microsoft Disk Operating System | MS-DOS |
| Personal Computer | PC |
| quick and dirty operating system | QDOS |
| unter anderem | u.a. |
| Windows New Technology | Windows-NT |
| zum Beispiel | z.B. |

## Abbildungsverzeichnis

# 1. Einleitung

Bill Gates und Paul Allen gründeten 1975 das Unternehmen Microsoft in den USA. [1]
Das IT-Unternehmen IBM benötigte für seine Personal Computer ein passendes
Betriebssystem, welches durch Microsoft bereitgestellt wurde. Anstatt ein
Betriebssystem selbst zu entwickeln, erwarb Microsoft dieses beim Unternehmen Seattle
Computer Products für 50.000 Dollar. Microsoft benannte das Betriebssystem 86-QDOS
in MS-DOS um und verkaufte es an IBM, die dieses auf ihren Personal Computern
installierten. [2] [3] Für die Anwendung des Betriebssystems MS-DOS waren technische
Kenntnisse des Anwenders erforderlich. [4]

Im Vergleich zu MS-DOS verfügt das Betriebssystem Windows 1.0, welches 1985
veröffentlicht wurde, über eine grafische Bedienoberfläche und war per
Computermaus steuerbar. Aufgrund mangelnder Anwendungen hielt sich der Erfolg
dieses Betriebssystems in Grenzen. Auf der Nachfolgeversion Windows 2.11 war
erstmals Microsoft Word installiert. Window 95 zeichnete sich dadurch aus, dass
Endverbraucher per Internet Explorer Zugang zum Internet hatten. [5] [6]

MS-DOS wurde als Basis für weitere Microsoft Betriebssysteme verwendet, wie z.B.
Windows 3.0, Windows 3.1., Windows 95, Windows 98 sowie Windows Me. Zu den NT-
basierten Betriebssystemen zählen Windows NT 3.1, Windows NT 4.0, Windows 2000,
Windows XP, Windows Vista und Windows 7. Windows Vista stellte sich aufgrund der

---

[1] Vgl. https://news.microsoft.com/de-de/fast-facts, Zugriff am 17.01.2021.
[2] Vgl. https://whatis.techtarget.com/de/definition/IBM-International-Business-Machines, Zugriff am 17.01.2021.
[3] Vgl. https://www.focus.de/digital/computer/tid-10900/microsoft-mit-microsoft-begann-das-grosse-abenteuer_aid_314008.html, Zugriff am 17.01.2021.
[4] Vgl. https://www.computerwoche.de/a/die-windows-geschichte-von-1-0-bis-10,3219377, Zugriff am 17.01.2021.
[5] Vgl. https://www.welt.de/newsticker/dpa_nt/infoline_nt/computer_nt/article144347440/Die-Geschichte-von-Microsoft-Windows.html, Zugriff am 17.01.2021.
[6] Vgl. https://www.computerwoche.de/a/die-windows-geschichte-von-1-0-bis-10,3219377, Zugriff am 17.01.2021.

komplizierten Bedienung als nicht benutzerunfreundlich heraus. Diese Mängel wurden mit Windows 7 behoben. [7] Die erste mobile Software für Smartphones brachte Microsoft 2010 mit dem Windows Phone heraus. Windows 8 zeichnete sich durch die Unterscheidung zwischen zwei grafischen Bedienoberflächen aus. Während beim Tablet-PC eine Kacheloptik verwendet wird, gibt es für den PC weiterhin die bekannte Darstellung der Vorgängerversionen. Die Kacheloptik wurde von der Mehrheit der Nutzer bemängelt. 2015 erschien mit Windows 10 die aktuelle Windows-Version, die weiterhin zwischen Tablet- und Desktop-Ansicht unterscheidet und durch regelmäßige Updates aktualisiert wird. [8] [9]

## 1.1. Problemstellung

Aus der im Jahr 2017 durchgeführten Studie „Betriebssystem für Führung und Zusammenarbeit" des Unternehmens Coverdale geht hervor, dass 65% der Befragten einen Handlungsbedarf beim eingesetzten Betriebssystem in ihrem Unternehmen sehen. [10]

## 1.2. Ziel der Arbeit

Es wird der Forschungsfrage nachgegangen, welche Faktoren ausschlaggebend dafür sind, dass ein im Unternehmen eingesetztes Betriebssystems aktualisiert werden sollte. Dies soll Aufschluss darauf geben, welche Faktoren für die Auswahl des Betriebssystems im Unternehmen entscheidend sind.

---

[7] Vgl. Tanenbaum, A., Moderne Betriebssysteme, 2009, S. 936.
[8] Vgl. https://www.welt.de/newsticker/dpa_nt/infoline_nt/computer_nt/article144347440/Die-Geschichte-von-Microsoft-Windows.html, Zugriff am 17.01.2021.
[9] Vgl. https://www.turn-on.de/tech/topliste/von-windows-1-0-bis-windows-10-das-betriebssystem-im-wandel-29880, Zugriff am 17.01.2021.
[10] Vgl. Coverdale Team Management Deutschland GmbH, Studie Betriebssystem für Führung und Zusammenarbeit, Hintergründe, Ursachen und Herausforderungen in Unternehmen, 2017, S. 10.

### 1.3. Gang der Arbeit

Im ersten Teil des Scientific Essays werden die in dieser Seminararbeit verwendeten Fachbegriffe definiert. Im weiteren Verlauf werden die Aufgaben eines Betriebssystems herausgestellt. Das vierte Kapitel geht auf den Status Quo ein und bezieht Studien mit ein. Im Anschluss werden die wichtigsten Inhalte im Fazit zusammengefasst und die Forschungsfrage wird beantwortet. Der Fokus des Scientific Essays liegt auf Betriebssystemen für den PC.

In der folgenden Arbeit wird aus Gründen der besseren Lesbarkeit ausschließlich die männliche Form verwendet. Sie bezieht sich auf Personen jedes Geschlechts.

### 2. Definition und Abgrenzung von Begriffen

In diesem Kapitel werden die in dieser Arbeit verwendeten Fachbegriffe definiert und abgegrenzt.

Betriebssysteme, im Englischen als Operating System bezeichnet, werden der praktischen sowie der technischen Informatik zugeordnet und gehören zur Software. [11] [12]

Unter einem Betriebssystem versteht Brause „die Gesamtheit der Programmteile, die die Benutzung von Betriebsmitteln steuern und verwalten". [13] Bei dieser Definition wird davon ausgegangen, dass dafür Ressourcen und Betriebsmittel notwendig sind, d.h. die Soft- und Hardware, die die Funktionalität des Rechners gewährleistet.[14] Eine Aufgabe des Betriebssystems ist nach dem Duden der Informatik die Zuordnung von Ressourcen

---

[11] Vgl. Baun, C., Betriebssysteme kompakt, Grundlagen, Daten, Speicher, Dateien, Prozesse und Kommunikation, 2020, S. 16 f.
[12] Vgl. Scholz, P., Softwareentwicklung eingebetteter Systeme, 2005, S. 43.
[13] Brause, R., Betriebssysteme, Grundlagen und Konzepte, 2017, S. 2.
[14] Vgl. Brause, R., Betriebssysteme, Grundlagen und Konzepte, 2017, S. 12.

für die auszuführenden Programme. [15] Dabei bildet das Betriebssystem die Schnittstelle zwischen dem PC und dem Anwender. [16]

Nach der DIN 44300, die durch die Norm ISO/ IEC 2382:2015 aktualisiert wurde, umfasst das Betriebssystem „die Programme eines digitalen Rechensystems, die zusammen mit den Eigenschaften dieser Rechenanlage die Basis der möglichen Betriebsarten des digitalen Rechensystems bilden und die insbesondere die Abwicklung von Programmen steuern und überwachen". [17] [18]

**Abbildung 1: Die Einordnung des Betriebssystems**

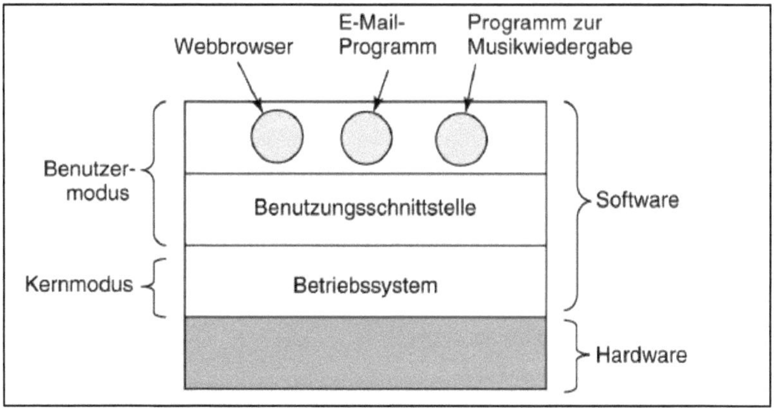

Quelle: Tanenbaum, A., Moderne Betriebssysteme, 2009, S. 30

Die Abbildung 1 nimmt die Einordnung des Betriebssystems vor. Tanenbaum betont die Herausforderung, ein Betriebssystem zu definieren und beschreibt es als Software, welche im Kernmodus betrieben werde.[19] Der Kernmodus, auch als Supervisormodus oder im Englischen als Kernel bezeichnet, bildet die grundlegende Softwareschicht.

---

[15] Vgl. Scholz, P., Softwareentwicklung eingebetteter Systeme, 2005, S. 43.
[16] Vgl. Egewardt, R., Das PC-Wissen für IT-Berufe, 2002, S. 220.
[17] Scholz, P., Softwareentwicklung eingebetteter Systeme, 2005, S. 43.
[18] Vgl. https://www.beuth.de/de/norm/iso-iec-2382/235389372, Zugriff am 01.02.2021.
[19] Vgl. Tanenbaum, A., Moderne Betriebssysteme, 2009, S. 33.

Mit Ausnahme des Betriebssystems wird die weitere Software im Benutzermodus ausgeführt, welcher im Gegensatz zum Kernmodus nur auf einen Teil der Systembefehle Zugriff hat. [20] Im Kernmodus kann das Betriebssystem auf die verfügbare Hardware zugreifen, übernimmt die Zuteilung des Speicherplatzes sowie die Ein- und Ausgaben des Rechners. [21] [22] Tanenbaum weist darauf hin, dass „Editoren, Compiler, Assembler, Binder und Kommandozeileninterpreter" nicht zum Betriebssystem zählen.[23]

Der Abbildung 1 ist zu entnehmen, dass zwischen Hardware und Software unterschieden wird. Das englische Wort Hardware wird mit harter Ware übersetzt. Darunter werden die Bestandteile eines Rechners oder Smartphones gefasst, welche anfassbar sind. Im Gegensatz dazu ist Software, auch weiche Ware genannt, nicht greifbar und sorgt für die Datenverarbeitung und den Systembetrieb des Rechners. Zur Hardware gehören u.a. die Computermaus, Tastatur, Grafikkarte, Mainboard, Festplatte, Arbeits- oder der Hauptspeicher. Des Weiteren gehören diejenigen Geräte zur Hardware, die elektronische Signale empfangen können, wie ein Drucker oder ein Bildschirm. Zur Software zählen das Betriebssystem oder Treiber sowie das BIOS, welches für den Start des Rechners sorgt. Software kann im Vergleich zur Hardware schneller angepasst werden, indem sie installiert oder deinstalliert wird. [24] Für die Funktionsfähigkeit des Computers bedingen Hardware und Software einander.[25] [26]

---

[20] Vgl. Baun, C., Operating Systems/ Betriebssysteme, 2020, S. 16.
[21] Vgl. Tanenbaum, A., Moderne Betriebssysteme, 2009, S. 30.
[22] Vgl. Achilles, A., Betriebssysteme, 2006, S. 2.
[23] Tanenbaum, A., Moderne Betriebssysteme, 2009, S. 79.
[24] Vgl. https://it-service.network/it-lexikon/software, Zugriff am 19.01.2021.
[25] Vgl. https://www.informatik-verstehen.de/lexikon/hardware, Zugriff am 19.01.2021.
[26] Vgl. https://www.wintotal.de/hardware-software, Zugriff am 19.01.2021.

## 3. Aufgaben eines Betriebssystems

Sobald der Rechner hochgefahren ist, wird das auf dem Motherboard installierte BIOS geöffnet und sorgt für die Funktionsfähigkeit der Hardware. Dies ist die Basis dafür, dass das Betriebssystem auf die Hardware zugreifen und diese steuern kann. [27] Nachdem das BIOS gestartet ist, wird das Betriebssystem geladen und die Anmeldungsmaske erscheint.[28] Indem sich der Benutzer mit seinen Anmeldedaten oder seinem Fingerabdruck am PC anmeldet, trägt das Betriebssystem zum Datenschutz bei. Der Benutzer kann Daten oder Anwendungen dann abrufen, wenn ihm eine Berechtigung erteilt wurde.[29]

Laut Tanenbaum seien Betriebssystemen zwei zentrale Aufgaben zugeordnet, die in keiner Wechselbeziehung stehen. Zum einen sei dies die Anwendungsprogrammierung und zum anderen die Verwaltung von Systemressourcen aus dem Hardwarebereich. [30] Zum Ressourcenmanagement gehört auch die Software. [31]

Auf die Verwaltung von Hardwareressourcen wird nachfolgend näher eingegangen. Das Betriebssystem gewährleistet die Funktionsfähigkeit der Hardware mit Hilfe von Treibern und stellt dem Anwender eine Benutzeroberfläche zur Verfügung, damit dieser Hardwarekomponenten wie die Computermaus benutzen kann. Das Betriebssystem verwaltet die für die Hardware benötigten Ressourcen, wie z.B. die Rechenkapazität oder den Hauptspeicher. Während einer Programmausführung verbleibt das Programm im Hauptspeicher, bis es beendet wird. Die Prozesse, die im Hintergrund ablaufen, werden vom Betriebssystem festgehalten und überprüft. [32] Es verhindert die Überschreibung von bereits genutzten Speicherbereichen durch unterschiedliche Prozesse.[33]

---

[27] Vgl. Bildner, C., Microsoft Windows Vista Basiswissen, 2007, S. 10.
[28] Vgl. Bildner, C., Microsoft Windows Vista Basiswissen, 2007, S. 10.
[29] Vgl. Ernst, H., Schmidt, J., Beneken, G., Grundkurs Informatik, 2020, S. 322.
[30] Vgl. Tanenbaum, A., Moderne Betriebssysteme, 2009, S. 33.
[31] Vgl. Mandl, P., Grundkurs Betriebssysteme, 2020, S. 3.
[32] Vgl. Bildner, C., Microsoft Windows Vista Basiswissen, 2007, S. 9.
[33] Vgl. Ernst, H., Schmidt, J., Beneken, G., Grundkurs Informatik, 2020, S. 321.

Das Betriebssystem hält fest, wie viel Speicherplatz verfügbar bzw. vergeben ist. Beim statisch allokierten Speicher wird der Speicherplatz für ein Programm vergeben, sobald dieses geöffnet wird. Eine weitere Möglichkeit ist der dynamisch allokierte Speicher, bei dem das Programm dem Betriebssystem meldet, wenn Speicherplatz benötigt wird.[34]

Das Betriebssystem übernimmt die Datenverwaltung, indem es den Anwender dabei unterstützt, Dateien auf einem Speichermedium zu sichern. Zudem hilft es bei der Suche nach abgespeicherten Medien.[35] Zu einer weiteren Verwaltungsaufgabe zählt die Prozesssteuerung. [36] Im Vergleich zu älteren Betriebssystemen ist es auf neueren möglich, Programme parallel zu betreiben. Die sequenzielle Durchführung von Anweisungen wird von Threads im Rahmen eines Prozessabarbeitung übernommen. Führen mehrere Threads auf einem Prozessor parallel Befehle aus, wird dies als Multitasking bezeichnet. Das Betriebssystem verwaltet auf dem Prozessor die Zeit, die für die Aufgabenausführung von Threads oder Prozessen benötigt wird.[37]

Es fördert den Informationsaustausch zwischen verschiedenen Prozessen, indem Sockets bereitstellt werden, die dem Informationsaustausch des PCs zum Internet dienen. Um die Kommunikation verschiedener Prozesse untereinander zu fördern, werden gemeinsame Speicher oder Pipelines bereitgestellt. [38] Darüber hinaus ist das Betriebssystem für den reibungslosen Ablauf von Prozessoren, Geräten und Dateien verantwortlich. [39]

---

[34] Vgl. Ernst, H., Schmidt, J., Beneken, G., Grundkurs Informatik, 2020, S. 321.
[35] Vgl. Bildner, C., Microsoft Windows Vista Basiswissen, 2007, S. 9.
[36] Vgl. Scholz, P., Softwareentwicklung eingebetteter Systeme, 2005, S. 44.
[37] Vgl. Ernst, H., Schmidt, J., Beneken, G., Grundkurs Informatik, 2020, S. 321.
[38] Vgl. Ernst, H., Schmidt, J., Beneken, G., Grundkurs Informatik, 2020, S. 321.
[39] Vgl. Scholz, P., Softwareentwicklung eingebetteter Systeme, 2005, S. 44.

## 4. Status Quo

Die Abbildung 2 zeigt die Marktanteile der führenden Betriebssysteme weltweit im Zeitraum von 2009 bis 2021 auf. Auf der X-Achse wird der Zeitverlauf in Monaten abgebildet, auf der Y-Achse der Anteil der Page Views. Dabei ist deutlich zu erkennen, dass Windows bereits im Jahr 2009 mit 95% der Marktanteile bis Januar 2021 mit 76% Marktführer ist. Während die Marktanteile des Betriebssystems macOS X des Unternehmens Apple von 2009 bis 2021 um rund 13% auf einen Marktanteil von 16,91% stiegen, verlor Windows im gleichen Zeitraum einen Marktanteil von rund 19%. Linux konnte seinen Marktanteil im genannten Zeitraum von 0,64% auf 1,91% erhöhen. [40]

**Abbildung 2: Marktanteile der führenden Betriebssysteme weltweit**

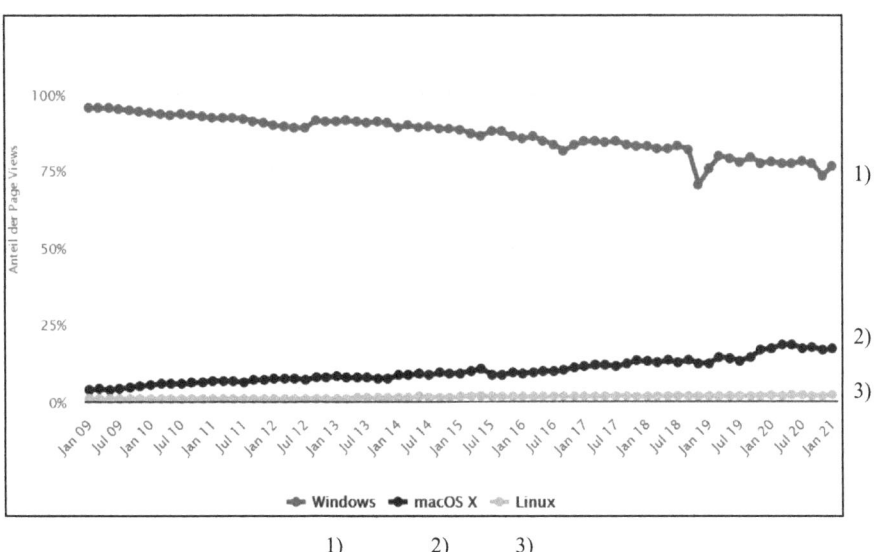

1)      2)      3)

Quelle:      https://de.statista.com/statistik/daten/studie/157902/umfrage/marktanteil-der-genutzten-betriebssysteme-weltweit-seit-2009/#professional, Zugriff am 17.01.2021

---

[40]     Vgl.      https://de.statista.com/statistik/daten/studie/157902/umfrage/marktanteil-der-genutzten-betriebssysteme-weltweit-seit-2009, Zugriff am 05.02.2021.

Seit Januar 2020 hat Microsoft die Systemupdates für das Betriebssystem Windows 7 eingestellt, dennoch erreicht Windows 7 im Oktober 2020 einen Marktanteil von 21%. Das meistgenutzte Betriebssystem ist Windows 10 mit einem Marktanteil von 62%. [41] [42] Anfang 2020 wurden mehr als 1 Milliarde Endgeräte in rund 200 Ländern registriert, die mit dem Betriebssystem Windows 10 betrieben werden. [43] Das Unternehmen Microsoft hat angekündigt, dass das neue Betriebssystem WindowsX im Frühjahr 2021 veröffentlicht werden soll. Das neue Betriebssystem ist insbesondere für Endgeräte mit einem geteilten, mehrfachen und faltbaren Bildschirmen ausgelegt.[44]

Nach einem Update des Betriebssystems Windows 10 Anfang 2019 äußerten 93% der Nutzer ihre Enttäuschung über das Update. Dies wurde darin begründet, dass die Nutzer aufgrund mangelnder Informationen nicht nachvollziehen können, welchen Hintergrund das Update hat und welche Verbesserungen es mit sich bringt. Zudem wünschen sich die Nutzer, dass sie den Zeitpunkt des Updates selbst festlegen können. [45]

Die Studie „Betriebssystem für Führung und Zusammenarbeit" wurde im Jahr 2017 vom Unternehmen Coverdale mit 68 Teilnehmern durchgeführt. Der Studie ist zu entnehmen, dass 65% der Befragten einen Veränderungsbedarf des in ihrem Unternehmen eingesetzten Betriebssystems sehen. Besonders hervorgehoben wurde das Verbesserungspotenzial in den Bereichen Führung, Kommunikation und Zusammenarbeit, welche in der Abbildung 3 veranschaulicht werden.

---

[41] Vgl. https://www.gamestar.de/artikel/windows-10-studie-50-prozent-aller-rechner,3347430.html, Zugriff am 16.02.2021.
[42] Vgl. https://de.statista.com/statistik/daten/studie/828610/umfrage/marktanteile-der-fuehrenden-betriebssystemversionen-weltweit, Zugriff am 16.02.2021.
[43] Vgl. https://www.t-online.de/digital/software/id_87574722/windows-10-microsoft-zeigt-neues-design.html, Zugriff am 16.02.2021.
[44] Vgl. https://www.chip.de/news/Windows-10X-Leak-So-sieht-das-neue-Windows-aus_174598362.html, Zugriff am 20.02.2021.
[45] Vgl. https://www.pcwelt.de/news/93-Prozent-aller-Nutzer-mit-Windows-Update-unzufrieden-10546567.html, Zugriff am 20.02.2021.

10

Die Verantwortung für die Instandhaltung des Betriebssystems sehen 80% der Teilnehmer beim Vorstand.

**Abbildung 3: Bereiche mit dem höchsten Weiterentwicklungsbedarf des Betriebssystems**

Quelle: Coverdale Team Management Deutschland GmbH, Studie Betriebssystem für Führung und Zusammenarbeit, Hintergründe, Ursachen und Herausforderungen in Unternehmen, 2017, S. 10

Die Globalisierung bringt einen hohen Anpassungsdruck der Unternehmen mit sich, bei dem die Studienteilnehmer vom Unternehmen mehr Beistand fordern. Neben einer mangelnden Führungskultur seien die genutzten Betriebssysteme nicht ausreichend für Führung und Zusammenarbeit ausgelegt. Um das Betriebssystem im Unternehmen zu verbessern, sollte die Fehlerkultur im Unternehmen etabliert und die transparente Kommunikation gefördert werden. Indem Hierarchieebenen abgebaut werden, verlagern sich die Entscheidungen dorthin, wo Probleme entstehen und können durch die schmale Hierarchie schneller gelöst werden. Im Rahmen einer Führungskräfteentwicklung können bestehende und neue Führungskräfte für die genannten Faktoren sensibilisiert werden. Die mangelnde Fehlerkultur sei ein Grund, warum die Studienteilnehmer eine Anpassung des Betriebssystems im Unternehmen als erforderlich sehen.[46]

## 5. Fazit

Im Rahmen des Scientific Essays wurde der Forschungsfrage nachgegangen, welche Faktoren ausschlaggebend dafür sind, dass ein Handlungsbedarf für eine Aktualisierung des Betriebssystems im Unternehmen besteht. Dies soll Aufschluss darauf geben, welche Faktoren für die Auswahl des Betriebssystems im Unternehmen entscheidend sind.

Die Studie „Betriebssystem für Führung und Zusammenarbeit" des Unternehmens Coverdale zeigte auf, dass 65% der Studienteilnehmer einen Handlungsbedarf beim eingesetzten Betriebssystem sehen. Die Gründe dafür liegen in der mangelnden Führungskultur, Kommunikation, Zusammenarbeit und darin, dass eine Fehlerkultur nicht gelebt werde. Zudem sei das Betriebssystem nicht darauf ausgerichtet, die Führung und Zusammenarbeit im Unternehmen zu fördern. [47] Demzufolge sollten die genannten Bereiche gefördert werden und das Betriebssystem regelmäßig aktualisiert werden, damit kein Handlungsbedarf entsteht. Zudem sollten die Nutzer über Updates rechtzeitig informiert werden und selbst entscheiden können, wann sie diese durchführen und welche Änderungen vorgenommen werden.

Die Forschungsfrage könnte weitreichender beantwortet werden, jedoch ist der vorgegebene Umfang der vorliegenden Arbeit begrenzt. Durch die Analyse weiterer Studien könnte die Validität des Scientific Essays verbessert werden. Da bei der Recherche neben der Studie des Unternehmens Coverdale keine weiteren gefunden wurden, könnten bei weitergehender Forschung eigene Studien durchgeführt werden.

---

[46] Vgl. Coverdale Team Management Deutschland GmbH, Studie Betriebssystem für Führung und Zusammenarbeit, Hintergründe, Ursachen und Herausforderungen in Unternehmen, 2017, S. 4 ff.
[47] Vgl. Coverdale Team Management Deutschland GmbH, Studie Betriebssystem für Führung und Zusammenarbeit, Hintergründe, Ursachen und Herausforderungen in Unternehmen, 2017, S. 10.

Anhand qualitativer Methoden in Form eines Interviews oder quantitativer Forschung mittels einer Umfrage könnten neue Erkenntnisse gewonnen werden. Der Zusammenhang zwischen Mitarbeiterzufriedenheit und verwendetem Betriebssystem könnte ausführlicher erforscht werden.

## Literaturverzeichnis

*Achilles, Albrecht* (Betriebssysteme, 2006): Betriebssysteme, Eine kompakte Einführung mit Linux, Berlin, Heidelberg: Springer-Verlag, 2006

*Baun, Christian* (Betriebssysteme, 2020): Betriebssysteme kompakt, Grundlagen, Daten, Speicher, Dateien, Prozesse und Kommunikation, 2. Aufl., Berlin: Springer Verlag GmbH, 2020

*Baun, Christian* (Betriebssysteme, 2020): Operating Systems/ Betriebssysteme, Bilingual Edition: English - German/ Zweisprachige Ausgabe: Englisch - Deutsch, Wiesbaden: Springer Fachmedien, 2020

*Bildner, Christian* (Microsoft Windows Vista, 2007): Microsoft Windows Vista Basiswissen, Begleitheft für Computer-Einsteiger, Passau: readersplanet GmbH, 2007

*Brause, Rüdiger* (2017, Betriebssysteme): Betriebssysteme, Grundlagen und Konzepte, 4. Aufl., Berlin: Springer Verlag GmbH, 2017

*Coverdale Team Management Deutschland GmbH* (Studie Betriebssysteme, 2017): Studie Betriebssystem für Führung und Zusammenarbeit, Hintergründe, Ursachen und Herausforderungen in Unternehmen, Herten: Druckerei Buschhausen, 2017

*Egewardt, Rainer* (PC-Wissen, 2002): Das PC-Wissen für IT-Berufe, Hardware, Betriebssysteme, Netzwerktechnik, 2. Aufl., Wiesbaden: Springer Fachmedien, 2002

*Ernst, Hartmut, Schmidt, Jochen, Beneken, Gerd* (Informatik, 2020): Grundkurs Informatik, Grundlagen und Konzepte für die erfolgreiche IT-Praxis - Eine umfassende, praxisorientierte Einführung, 7. Aufl., Wiesbaden: Springer Fachmedien

*Mandl, Peter* (Betriebssysteme, 2008): Grundkurs Betriebssysteme, Architekturen, Betriebsmittelverwaltung, Synchronisation, Prozesskommunikation, Wiesbaden: Friedr. Vieweg & Sohn Verlag, GWV Fachverlage GmbH, 2008

*Scholz, Peter* (Softwareentwicklung, 2005): Softwareentwicklung eingebetteter Systeme, Berlin, Heidelberg: Springer-Verlag, 2005

*Tanenbaum, Andrew Stuart* (Betriebssysteme, 2009): Moderne Betriebssysteme, 3 Aufl., München: Pearson Education Deutschland GmbH

**Internetquellen**

*Axel Springer SE* (Microsoft Windows, 2015): Welt, Die Geschichte von Microsoft Windows, <https://www.welt.de/newsticker/dpa_nt/infoline_nt/computer_nt/article144347 440/Die-Geschichte-von-Microsoft-Windows.html> [Zugriff 2021-01-17]

*Begerow Beratungsgesellschaft mbH & Co. KG* (Hardware, o.J.): Informatik verstehen für Schüler und Studenten, <https://www.informatik-verstehen.de/lexikon/hardware> [Zugriff 2021-01-19]

*Beuth Verlag GmbH* (ISO/IEC, 2015): Beuth, ISO/IEC 2382:2015-05, <https://www.beuth.de/de/norm/iso-iec-2382/235389372> [Zugriff 2021-02-01]

*Content Fleet GmbH* (Windows, 2018): Turn On, Das Saturn Magazin, Windows 1.0 bis Windows 10: Alle Versionen im Überblick, <https://www.turn-on.de/tech/topliste/von-windows-1-0-bis-windows-10-das-betriebssystem-im-wandel-29880> [Zugriff 2021-01-17]

*Geiger, Jörg* (Windows 10X, 2021): Chip, Windows 10X geleakt im Netz: So cool sieht Microsofts neues Betriebssystem aus < https://www.chip.de/news/Windows-10X-Leak-So-sieht-das-neue-Windows-aus_174598362.html> [Zugriff 2021-02-20]

*Glaser, Peter* (Microsoft, 2013): Focus Online, Mit Microsoft begann das große Abenteuer, <https://www.focus.de/digital/computer/tid-10900/microsoft-mit-microsoft-begann-das-grosse-abenteuer_aid_314008.html> [Zugriff 2021-01-17]

*Kolokythas, Panagiotis* (Windows, 2019): PC Welt, 93 Prozent aller Nutzer mit Windows-Update unzufrieden < https://www.pcwelt.de/news/93-Prozent-aller-Nutzer-mit-Windows-Update-unzufrieden-10546567.html> [Zugriff 2021-02-20]

*Maier, Florian* (Microsoft Betriebssysteme, 2021): Computerwoche, 35 Jahre Microsoft Betriebssysteme, Die Windows-Geschichte: Von 1.0 bis 10 <https://www.computerwoche.de/a/die-windows-geschichte-von-1-0-bis-10,3219377> [Zugriff 2021-01-17]

*Microsoft Corporation* (Microsoft, o.J.): Microsoft, Von Microsoft Fast Facts, <https://news.microsoft.com/de-de/fast-facts> [Zugriff 2021-01-17]

*Roodsari, Ali Vahid* (Windows 10, 2020): T-Online, Microsoft zeigt neues Design von Windows 10 < https://www.t-online.de/digital/software/id_87574722/windows-10-microsoft-zeigt-neues-design.html> [Zugriff 2021-02-16]

*Schulz, Manuel* (Windows 10, 2019): Gamestar, Windows 10 - Laut Netmarketshare auf nahezu 50 Prozent aller Rechner < https://www.gamestar.de/artikel/windows-10-studie-50-prozent-aller-rechner,3347430.html> [Zugriff 2021-02-16]

*Statista GmbH* (Marktanteil Betriebssysteme, 2021): Statista, Marktanteile der führenden Betriebssysteme weltweit von Januar 2009 bis Januar 2021, <https://de.statista.com/statistik/daten/studie/157902/umfrage/marktanteil-der-

genutzten-betriebssysteme-weltweit-seit-2009/#professional> [Zugriff 2021-01-17]

*Statista GmbH* (Marktanteil Betriebssysteme, 2021): Statista, Marktanteile der führenden Betriebssysteme weltweit im Oktober 2020, < https://de.statista.com/statistik/daten/studie/828610/umfrage/marktanteile-der-fuehrenden-betriebssystemversionen-weltweit > [Zugriff 2021-02-16]

*SYNAXON AG* (Software, o.J.): IT-Service.Network, Was ist Software?, <https://it-service.network/it-lexikon/software> [Zugriff 2021-01-19]


*TechTarget* (IBM, 2016): TechTarget, IBM (International Business Machines), <https://whatis.techtarget.com/de/definition/IBM-International-Business-Machines> [Zugriff 2021-01-17]


*VGL Verlagsgesellschaft mbH* (Hardware und Software, 2019): Wintotal, das Windows Portal, Hardware & Software: Unterschied und Zusammenhang einfach erklärt <https://www.wintotal.de/hardware-software> [Zugriff 2021-01-19]